TRANZLATY

Sprache ist für alle da

Η γλώσσα είναι για όλους

Die Schöne und das Biest

Η Πεντάμορφη και το Τέρας

Gabrielle-Suzanne Barbot de Villeneuve

Deutsch / Ελληνικά

Copyright © 2025 Tranzlaty
All rights reserved
Published by Tranzlaty
ISBN: 978-1-80572-010-2
Original text by Gabrielle-Suzanne Barbot de Villeneuve
La Belle et la Bête
First published in French in 1740
Taken from The Blue Fairy Book (Andrew Lang)
Illustration by Walter Crane
www.tranzlaty.com

Es war einmal ein reicher Kaufmann
Κάποτε ήταν ένας πλούσιος έμπορος
dieser reiche Kaufmann hatte sechs Kinder
αυτός ο πλούσιος έμπορος είχε έξι παιδιά
Er hatte drei Söhne und drei Töchter
είχε τρεις γιους και τρεις κόρες
Er hat keine Kosten für ihre Ausbildung gescheut
δεν γλίτωσε κανένα κόστος για την εκπαίδευσή τους
weil er ein vernünftiger Mann war
γιατί ήταν άνθρωπος με λογική
aber er gab seinen Kindern viele Diener
αλλά έδωσε στα παιδιά του πολλούς υπηρέτες
seine Töchter waren überaus hübsch
οι κόρες του ήταν εξαιρετικά όμορφες
und seine jüngste Tochter war besonders hübsch
και η μικρότερη κόρη του ήταν ιδιαίτερα όμορφη
Schon als Kind wurde ihre Schönheit bewundert
ως παιδί η ομορφιά της ήταν ήδη θαυμαστή
und die Leute nannten sie nach ihrer Schönheit
και ο κόσμος την αποκαλούσε με την ομορφιά της
Ihre Schönheit verblasste nicht, als sie älter wurde
η ομορφιά της δεν έσβησε καθώς μεγάλωνε
Deshalb nannten die Leute sie weiterhin wegen ihrer Schönheit
έτσι ο κόσμος την αποκαλούσε με την ομορφιά της
das machte ihre Schwestern sehr eifersüchtig
αυτό έκανε τις αδερφές της να ζηλεύουν πολύ
Die beiden ältesten Töchter waren sehr stolz
οι δύο μεγαλύτερες κόρες είχαν μεγάλη υπερηφάνεια
Ihr Reichtum war die Quelle ihres Stolzes
ο πλούτος τους ήταν η πηγή της υπερηφάνειάς τους
und sie verbargen ihren Stolz nicht
και δεν έκρυψαν ούτε την περηφάνια τους
Sie besuchten nicht die Töchter anderer Kaufleute
δεν επισκέφτηκαν τις κόρες άλλων εμπόρων
weil sie nur mit Aristokraten zusammentreffen

γιατί συναντιούνται μόνο με την αριστοκρατία
Sie gingen jeden Tag zu Partys
έβγαιναν κάθε μέρα σε πάρτι
Bälle, Theaterstücke, Konzerte usw.
μπάλες, θεατρικές παραστάσεις, συναυλίες και ούτω καθεξής
und sie lachten über ihre jüngste Schwester
και γέλασαν με τη μικρότερη αδερφή τους
weil sie die meiste Zeit mit Lesen verbrachte
γιατί τον περισσότερο χρόνο της τον περνούσε διαβάζοντας
Es war allgemein bekannt, dass sie reich waren
ήταν γνωστό ότι ήταν πλούσιοι
so hielten mehrere bedeutende Kaufleute um ihre Hand an
έτσι αρκετοί επιφανείς έμποροι ζήτησαν το χέρι τους
aber sie sagten, sie würden nicht heiraten
αλλά είπαν ότι δεν πρόκειται να παντρευτούν
aber sie waren bereit, einige Ausnahmen zu machen
αλλά ήταν έτοιμοι να κάνουν κάποιες εξαιρέσεις
„Vielleicht könnte ich einen Herzog heiraten"
«Ίσως θα μπορούσα να παντρευτώ έναν Δούκα»
„Ich schätze, ich könnte einen Grafen heiraten"
«Υποθέτω ότι θα μπορούσα να παντρευτώ έναν κόμη»
Schönheit dankte sehr höflich denen, die ihr einen Antrag gemacht hatten
Η ομορφιά ευχαρίστησε πολύ πολιτισμένα όσους της έκαναν πρόταση γάμου
Sie sagte ihnen, sie sei noch zu jung zum Heiraten
τους είπε ότι ήταν ακόμα πολύ μικρή για να παντρευτεί
Sie wollte noch ein paar Jahre bei ihrem Vater bleiben
ήθελε να μείνει μερικά χρόνια ακόμα με τον πατέρα της
Auf einmal verlor der Kaufmann sein Vermögen
Μονομιάς ο έμπορος έχασε την περιουσία του
er verlor alles außer einem kleinen Landhaus
έχασε τα πάντα εκτός από ένα μικρό εξοχικό
und er sagte seinen Kindern mit Tränen in den Augen:
και είπε στα παιδιά του με δάκρυα στα μάτια:

„Wir müssen aufs Land gehen"
"Πρέπει να πάμε στην επαρχία"
„und wir müssen für unseren Lebensunterhalt arbeiten"
«Και πρέπει να δουλέψουμε για τη ζωή μας»
die beiden ältesten Töchter wollten die Stadt nicht verlassen
οι δύο μεγαλύτερες κόρες δεν ήθελαν να φύγουν από την πόλη
Sie hatten mehrere Liebhaber in der Stadt
είχαν αρκετούς εραστές στην πόλη
und sie waren sicher, dass einer ihrer Liebhaber sie heiraten würde
και ήταν σίγουροι ότι ένας από τους εραστές τους θα τους παντρευόταν
Sie dachten, ihre Liebhaber würden sie heiraten, auch wenn sie kein Vermögen hätten
νόμιζαν ότι οι εραστές τους θα τους παντρευόντουσαν ακόμη και χωρίς περιουσία
aber die guten Damen haben sich geirrt
αλλά οι καλές κυρίες έκαναν λάθος
Ihre Liebhaber verließen sie sehr schnell
οι εραστές τους τα εγκατέλειψαν πολύ γρήγορα
weil sie kein Vermögen mehr hatten
γιατί δεν είχαν πια περιουσίες
das zeigte, dass sie nicht wirklich beliebt waren
Αυτό έδειξε ότι δεν τους άρεσαν πραγματικά
alle sagten, sie verdienen kein Mitleid
όλοι είπαν ότι δεν τους αξίζει να τους λυπούνται
„Wir sind froh, dass ihr Stolz gedemütigt wurde"
«Χαιρόμαστε που βλέπουμε την υπερηφάνεια τους να ταπεινώνεται»
„Lasst sie stolz darauf sein, Kühe zu melken"
«Ας είναι περήφανοι που αρμέγουν αγελάδες»
aber sie waren um Schönheit besorgt
αλλά ανησυχούσαν για την ομορφιά
sie war so ein süßes Geschöpf
ήταν ένα τόσο γλυκό πλάσμα

Sie sprach so freundlich zu armen Leuten
μιλούσε τόσο ευγενικά στους φτωχούς ανθρώπους
und sie war von solch unschuldiger Natur
και ήταν τόσο αθώα
Mehrere Herren hätten sie geheiratet
Θα την είχαν παντρευτεί αρκετοί κύριοι
Sie hätten sie geheiratet, obwohl sie arm war
θα την είχαν παντρευτεί κι ας ήταν φτωχή
aber sie sagte ihnen, sie könne sie nicht heiraten
αλλά τους είπε ότι δεν μπορούσε να τους παντρευτεί
weil sie ihren Vater nicht verlassen wollte
γιατί δεν θα άφηνε τον πατέρα της
sie war entschlossen, mit ihm aufs Land zu fahren
ήταν αποφασισμένη να πάει μαζί του στην εξοχή
damit sie ihn trösten und ihm helfen konnte
για να μπορέσει να τον παρηγορήσει και να τον βοηθήσει
Die arme Schönheit war zunächst sehr betrübt
Η φτωχή ομορφιά στην αρχή λυπήθηκε πολύ
sie war betrübt über den Verlust ihres Vermögens
λυπήθηκε για την απώλεια της περιουσίας της
„Aber Weinen wird mein Schicksal nicht ändern"
"αλλά το κλάμα δεν θα αλλάξει την τύχη μου"
„Ich muss versuchen, ohne Reichtum glücklich zu sein"
«Πρέπει να προσπαθήσω να κάνω τον εαυτό μου ευτυχισμένο χωρίς πλούτη»
Sie kamen zu ihrem Landhaus
ήρθαν στο εξοχικό τους
und der Kaufmann und seine drei Söhne widmeten sich der Landwirtschaft
και ο έμπορος και οι τρεις γιοι του ασχολήθηκαν με την κτηνοτροφία
Schönheit stand um vier Uhr morgens auf
η ομορφιά ανέβηκε στις τέσσερις το πρωί
und sie beeilte sich, das Haus zu putzen
κι εκείνη έσπευσε να καθαρίσει το σπίτι
und sie sorgte dafür, dass das Abendessen fertig war

και φρόντισε να είναι έτοιμο το δείπνο
ihr neues Leben fiel ihr zunächst sehr schwer
στην αρχή βρήκε τη νέα της ζωή πολύ δύσκολη
weil sie diese Arbeit nicht gewohnt war
γιατί δεν είχε συνηθίσει σε τέτοια δουλειά
aber in weniger als zwei Monaten wurde sie stärker
αλλά σε λιγότερο από δύο μήνες δυνάμωσε
und sie war gesünder als je zuvor
και ήταν πιο υγιής από ποτέ
nachdem sie ihre arbeit erledigt hatte, las sie
αφού είχε κάνει τη δουλειά της διάβασε
sie spielte Cembalo
έπαιζε στο τσέμπαλο
oder sie sang, während sie Seide spann
ή τραγουδούσε ενώ κλωσούσε μετάξι
im Gegenteil, ihre beiden Schwestern wussten nicht, wie sie ihre Zeit verbringen sollten
αντίθετα οι δύο αδερφές της δεν ήξεραν πώς να περνούν την ώρα τους
Sie standen um zehn auf und taten den ganzen Tag nichts anderes als herumzufaulenzen
σηκώθηκαν στις δέκα και δεν έκαναν τίποτα άλλο από το να τεμπελιάζουν όλη μέρα
Sie beklagten den Verlust ihrer schönen Kleider
θρηνούσαν για την απώλεια των καλών ρούχων τους
und sie beklagten sich über den Verlust ihrer Bekannten
και παραπονέθηκαν ότι έχασαν τους γνωστούς τους
„Schau dir unsere jüngste Schwester an", sagten sie zueinander
«Ρίξτε μια ματιά στη μικρότερη αδερφή μας», είπαν μεταξύ τους
„Was für ein armes und dummes Geschöpf sie ist"
"Τι φτωχό και ανόητο πλάσμα είναι"
„Es ist gemein, mit so wenig zufrieden zu sein"
"είναι κακό να αρκεστείς σε τόσο λίγα"
der freundliche Kaufmann war ganz anderer Meinung

ο ευγενικός έμπορος είχε εντελώς διαφορετική γνώμη
er wusste sehr wohl, dass Schönheit ihre Schwestern übertraf
ήξερε πολύ καλά ότι η ομορφιά ξεπέρασε τις αδερφές της
Sie übertraf sie sowohl charakterlich als auch geistig
τους ξεπέρασε τόσο στο χαρακτήρα όσο και στο μυαλό
er bewunderte ihre Bescheidenheit und ihre harte Arbeit
θαύμαζε την ταπεινοφροσύνη και τη σκληρή δουλειά της
aber am meisten bewunderte er ihre Geduld
αλλά περισσότερο από όλα θαύμαζε την υπομονή της
Ihre Schwestern überließen ihr die ganze Arbeit
οι αδερφές της της άφησαν όλη τη δουλειά
und sie beleidigten sie ständig
και την έβριζαν κάθε στιγμή
Die Familie hatte etwa ein Jahr lang so gelebt
Η οικογένεια είχε ζήσει έτσι για περίπου ένα χρόνο
dann bekam der Kaufmann einen Brief von einem Buchhalter
τότε ο έμπορος πήρε ένα γράμμα από έναν λογιστή
er hatte in ein Schiff investiert
είχε μια επένδυση σε ένα πλοίο
und das Schiff war sicher angekommen
και το πλοίο είχε φτάσει με ασφάλεια
diese Nachricht ließ die beiden ältesten Töchter staunen
Τα νέα του γύρισαν τα κεφάλια των δύο μεγαλύτερων κορών
Sie hatten sofort die Hoffnung, in die Stadt zurückzukehren
είχαν αμέσως ελπίδες να επιστρέψουν στην πόλη
weil sie des Landlebens überdrüssig waren
γιατί ήταν αρκετά κουρασμένοι από τη ζωή της επαρχίας
Sie gingen zu ihrem Vater, als er ging
πήγαν στον πατέρα τους καθώς έφευγε
Sie baten ihn, ihnen neue Kleider zu kaufen
τον παρακάλεσαν να τους αγοράσει καινούργια ρούχα
Kleider, Bänder und allerlei Kleinigkeiten
φορέματα, κορδέλες και κάθε λογής μικροπράγματα

aber die Schönheit verlangte nichts
αλλά η ομορφιά δεν ζήτησε τίποτα
weil sie dachte, das Geld würde nicht reichen
γιατί πίστευε ότι τα χρήματα δεν επρόκειτο να είναι αρκετά
es würde nicht reichen, um alles zu kaufen, was ihre Schwestern wollten
δεν θα ήταν αρκετό για να αγοράσει όλα όσα ήθελαν οι αδερφές της
„Was möchtest du, Schönheit?", fragte ihr Vater
«Τι θα ήθελες, ομορφιά;» ρώτησε ο πατέρας της
"Danke, Vater, dass du so nett bist, an mich zu denken", sagte sie
«Σε ευχαριστώ, πατέρα, για την καλοσύνη να με σκέφτεσαι», είπε
„Vater, sei so freundlich und bring mir eine Rose mit"
"Πατέρα, να είσαι τόσο ευγενικός να μου φέρεις ένα τριαντάφυλλο"
„weil hier im Garten keine Rosen wachsen"
"γιατί δεν φυτρώνουν τριαντάφυλλα εδώ στον κήπο"
„und Rosen sind eine Art Rarität"
"και τα τριαντάφυλλα είναι ένα είδος σπανιότητας"
Schönheit mochte Rosen nicht wirklich
η ομορφιά δεν νοιαζόταν πραγματικά για τα τριαντάφυλλα
sie bat nur um etwas, um ihre Schwestern nicht zu verurteilen
ζήτησε μόνο κάτι για να μην καταδικάσει τις αδερφές της
aber ihre Schwestern dachten, sie hätte aus anderen Gründen nach Rosen gefragt
αλλά οι αδερφές της νόμιζαν ότι ζήτησε τριαντάφυλλα για άλλους λόγους
„Sie hat es nur getan, um besonders auszusehen"
"Το έκανε για να φαίνεται ιδιαίτερο"
Der freundliche Mann machte sich auf die Reise
Ο ευγενικός άνθρωπος πήγε στο ταξίδι του
aber als er ankam, stritten sie über die Ware

αλλά όταν έφτασε μάλωναν για το εμπόρευμα
und nach viel Ärger kam er genauso arm zurück wie zuvor
και μετά από πολύ κόπο γύρισε φτωχός όπως πριν
er war nur ein paar Stunden von seinem eigenen Haus entfernt
ήταν μέσα σε λίγες ώρες από το σπίτι του
und er stellte sich schon die Freude vor, seine Kinder zu sehen
και φαντάστηκε ήδη τη χαρά που έβλεπε τα παιδιά του
aber als er durch den Wald ging, verirrte er sich
αλλά περνώντας μέσα από το δάσος χάθηκε
es hat furchtbar geregnet und geschneit
έβρεχε και χιόνιζε τρομερά
der Wind war so stark, dass er ihn vom Pferd warf
ο αέρας ήταν τόσο δυνατός που τον πέταξε από το άλογό του
und die Nacht kam schnell
και η νύχτα ερχόταν γρήγορα
er begann zu glauben, er müsse verhungern
άρχισε να σκέφτεται ότι μπορεί να πεινάει
und er dachte, er könnte erfrieren
και σκέφτηκε ότι μπορεί να παγώσει μέχρι θανάτου
und er dachte, Wölfe könnten ihn fressen
και σκέφτηκε ότι μπορεί να τον φάνε οι λύκοι
die Wölfe, die er um sich herum heulen hörte
οι λύκοι που άκουγε να ουρλιάζουν γύρω του
aber plötzlich sah er ein Licht
αλλά ξαφνικά είδε ένα φως
er sah das Licht in der Ferne durch die Bäume
είδε το φως από μακριά μέσα από τα δέντρα
als er näher kam, sah er, dass das Licht ein Palast war
όταν πλησίασε είδε ότι το φως ήταν ένα παλάτι
der Palast war von oben bis unten beleuchtet
το παλάτι ήταν φωτισμένο από πάνω μέχρι κάτω
Der Kaufmann dankte Gott für sein Glück
ο έμπορος ευχαρίστησε τον Θεό για την τύχη του

und er eilte zum Palast
και έσπευσε στο παλάτι
aber er war überrascht, keine Leute im Palast zu sehen
αλλά έμεινε έκπληκτος που δεν είδε κανέναν κόσμο στο παλάτι
der Hof war völlig leer
η αυλή του δικαστηρίου ήταν εντελώς άδεια
und nirgendwo ein Lebenszeichen
και δεν υπήρχε πουθενά σημάδι ζωής
sein Pferd folgte ihm in den Palast
το άλογό του τον ακολούθησε στο παλάτι
und dann fand sein Pferd großen Stall
και τότε το άλογό του βρήκε μεγάλο στάβλο
das arme Tier war fast verhungert
το καημένο ζώο είχε σχεδόν πεινάσει
also ging sein Pferd hinein, um Heu und Hafer zu finden
έτσι το άλογό του μπήκε να βρει σανό και βρώμη
zum Glück fand er reichlich zu essen
ευτυχώς βρήκε πολλά να φάει
und der Kaufmann band sein Pferd an die Krippe
και ο έμπορος έδεσε το άλογό του στη φάτνη
Als er zum Haus ging, sah er niemanden
Προχωρώντας προς το σπίτι δεν είδε κανέναν
aber in einer großen Halle fand er ein gutes Feuer
αλλά σε μια μεγάλη αίθουσα βρήκε μια καλή φωτιά
und er fand einen Tisch für eine Person gedeckt
και βρήκε ένα τραπέζι στρωμένο για έναν
er war nass vom Regen und Schnee
ήταν βρεγμένος από τη βροχή και το χιόνι
Also ging er zum Feuer, um sich abzutrocknen
έτσι πήγε κοντά στη φωτιά να στεγνώσει
„Ich hoffe, der Hausherr entschuldigt mich"
«Ελπίζω ο κύριος του σπιτιού να με συγχωρέσει»
„Ich schätze, es wird nicht lange dauern, bis jemand auftaucht."
«Υποθέτω ότι δεν θα αργήσει να εμφανιστεί κάποιος»

Er wartete eine beträchtliche Zeit
Περίμενε αρκετή ώρα
er wartete, bis es elf schlug, und noch immer kam niemand
περίμενε μέχρι να χτυπήσει έντεκα, και ακόμα κανείς δεν ήρθε
Schließlich war er so hungrig, dass er nicht länger warten konnte
επιτέλους ήταν τόσο πεινασμένος που δεν μπορούσε να περιμένει άλλο
er nahm ein Hühnchen und aß es in zwei Bissen
πήρε λίγο κοτόπουλο και το έφαγε σε δύο μπουκιές
er zitterte beim Essen
έτρεμε ενώ έτρωγε το φαγητό
danach trank er ein paar Gläser Wein
μετά από αυτό ήπιε μερικά ποτήρια κρασί
Er wurde mutiger und verließ den Saal
όλο και πιο θαρραλέος βγήκε από την αίθουσα
und er durchquerte mehrere große Hallen
και διέσχισε πολλές μεγάλες αίθουσες
Er ging durch den Palast, bis er in eine Kammer kam
περπάτησε μέσα από το παλάτι μέχρι που μπήκε σε μια κάμαρα
eine Kammer, in der sich ein überaus gutes Bett befand
ένας θάλαμος που είχε ένα πολύ καλό κρεβάτι μέσα του
er war von der Tortur sehr erschöpft
ήταν πολύ κουρασμένος από τη δοκιμασία του
und es war schon nach Mitternacht
και η ώρα ήταν ήδη μεσάνυχτα
also beschloss er, dass es das Beste sei, die Tür zu schließen
οπότε αποφάσισε ότι ήταν καλύτερο να κλείσει την πόρτα
und er beschloss, dass er zu Bett gehen sollte
και κατέληξε στο συμπέρασμα ότι έπρεπε να πάει για ύπνο
Es war zehn Uhr morgens, als der Kaufmann aufwachte
Ήταν δέκα το πρωί όταν ξύπνησε ο έμπορος
gerade als er aufstehen wollte, sah er etwas
την ώρα που επρόκειτο να σηκωθεί είδε κάτι

er war erstaunt, saubere Kleidung zu sehen
έμεινε έκπληκτος βλέποντας ένα καθαρό σετ ρούχων
an der Stelle, wo er seine schmutzigen Kleider zurückgelassen hatte
στο μέρος που είχε αφήσει τα βρώμικα ρούχα του
"Mit Sicherheit gehört dieser Palast einer netten Fee"
"Σίγουρα αυτό το παλάτι ανήκει σε κάποια ευγενική νεράιδα"
„eine Fee, die mich gesehen und bemitleidet hat"
" Μια νεράιδα που με είδε και με λυπήθηκε"
er sah durch ein Fenster
κοίταξε από ένα παράθυρο
aber statt Schnee sah er den herrlichsten Garten
αλλά αντί για χιόνι είδε τον πιο απολαυστικό κήπο
und im Garten waren die schönsten Rosen
και στον κήπο υπήρχαν τα πιο όμορφα τριαντάφυλλα
dann kehrte er in die große Halle zurück
μετά επέστρεψε στη μεγάλη αίθουσα
der Saal, in dem er am Abend zuvor Suppe gegessen hatte
το χολ όπου είχε πιει σούπα το προηγούμενο βράδυ
und er fand etwas Schokolade auf einem kleinen Tisch
και βρήκε λίγη σοκολάτα σε ένα τραπεζάκι
„Danke, liebe Frau Fee", sagte er laut
«Ευχαριστώ, καλή κυρία Νεράιδα», είπε δυνατά
„Danke für Ihre Fürsorge"
"Ευχαριστώ που νοιάζεσαι"
„Ich bin Ihnen für all Ihre Gefälligkeiten äußerst dankbar"
«Σας είμαι εξαιρετικά υπόχρεος για όλες τις χάρες σας»
Der freundliche Mann trank seine Schokolade
ο ευγενικός άντρας ήπιε τη σοκολάτα του
und dann ging er sein Pferd suchen
και μετά πήγε να ψάξει το άλογό του
aber im Garten erinnerte er sich an die Bitte der Schönheit
αλλά στον κήπο θυμήθηκε το αίτημα της ομορφιάς
und er schnitt einen Rosenzweig ab
και έκοψε ένα κλαδί από τριαντάφυλλα

sofort hörte er ein lautes Geräusch
αμέσως άκουσε έναν μεγάλο θόρυβο
und er sah ein furchtbar furchtbares Tier
και είδε ένα τρομερά τρομακτικό θηρίο
er war so erschrocken, dass er kurz davor war, ohnmächtig zu werden
ήταν τόσο φοβισμένος που ήταν έτοιμος να λιποθυμήσει
„Du bist sehr undankbar", sagte das Tier zu ihm
«Είσαι πολύ αχάριστος», του είπε το θηρίο
und das Tier sprach mit schrecklicher Stimme
και το θηρίο μίλησε με τρομερή φωνή
„Ich habe dein Leben gerettet, indem ich dich in mein Schloss gelassen habe"
«Σου έσωσα τη ζωή επιτρέποντάς σε να μπεις στο κάστρο μου»
"und dafür stiehlst du mir im Gegenzug meine Rosen?"
"Και για αυτό μου κλέβεις τα τριαντάφυλλα σε αντάλλαγμα;"
„Die Rosen sind für mich mehr wert als alles andere"
"Τα τριαντάφυλλα που εκτιμώ πέρα από οτιδήποτε άλλο"
„Aber du wirst für das, was du getan hast, sterben"
"αλλά θα πεθάνεις για αυτό που έκανες"
„Ich gebe Ihnen nur eine Viertelstunde, um sich vorzubereiten"
«Σου δίνω μόνο ένα τέταρτο για να προετοιμαστείς»
„Bereiten Sie sich auf den Tod vor und sprechen Sie Ihre Gebete"
«Ετοιμαστείτε για θάνατο και κάντε τις προσευχές σας»
der Kaufmann fiel auf die Knie
ο έμπορος έπεσε στα γόνατα
und er hob beide Hände
και σήκωσε και τα δύο του χέρια
„Mein Herr, ich flehe Sie an, mir zu vergeben"
«Κύριέ μου, σε παρακαλώ να με συγχωρέσεις»
„Ich hatte nicht die Absicht, Sie zu beleidigen"
«Δεν είχα σκοπό να σε προσβάλω»

„Ich habe für eine meiner Töchter eine Rose gepflückt"
«Μάζεψα ένα τριαντάφυλλο για μια από τις κόρες μου»
„Sie bat mich, ihr eine Rose mitzubringen"
"Μου ζήτησε να της φέρω ένα τριαντάφυλλο"
„Ich bin nicht euer Herr, sondern ein Tier", antwortete das Monster
«Δεν είμαι ο κύριος σου, αλλά είμαι θηρίο», απάντησε το τέρας
„Ich mag keine Komplimente"
«Δεν μου αρέσουν τα κομπλιμέντα»
„Ich mag Menschen, die so sprechen, wie sie denken"
«Μου αρέσουν οι άνθρωποι που μιλούν όπως νομίζουν»
„glauben Sie nicht, dass ich durch Schmeicheleien bewegt werden kann"
«Μη φανταστείς ότι μπορεί να με συγκινήσει η κολακεία»
„Aber Sie sagen, Sie haben Töchter"
«Μα λες ότι έχεις κόρες»
„Ich werde dir unter einer Bedingung vergeben"
«Θα σε συγχωρήσω με έναν όρο»
„Eine deiner Töchter muss freiwillig in meinen Palast kommen"
«Μια από τις κόρες σου πρέπει να έρθει στο παλάτι μου πρόθυμα»
"und sie muss für dich leiden"
"και πρέπει να υποφέρει για σένα"
„Gib mir Dein Wort"
«Άσε με να πω τον λόγο σου»
„Und dann können Sie Ihren Geschäften nachgehen"
"και μετά μπορείς να ασχοληθείς με την επιχείρησή σου"
„Versprich mir das:"
«Υπόσχεσέ μου το εξής:»
„Wenn Ihre Tochter sich weigert, für Sie zu sterben, müssen Sie innerhalb von drei Monaten zurückkehren"
«Αν η κόρη σου αρνηθεί να πεθάνει για σένα, πρέπει να επιστρέψεις μέσα σε τρεις μήνες»
der Kaufmann hatte nicht die Absicht, seine Töchter zu

opfern
ο έμπορος δεν είχε καμία πρόθεση να θυσιάσει τις κόρες του
aber da ihm Zeit gegeben wurde, wollte er seine Töchter noch einmal sehen
αλλά, αφού του δόθηκε χρόνος, ήθελε να δει ξανά τις κόρες του
also versprach er, dass er zurückkehren würde
οπότε υποσχέθηκε ότι θα επέστρεφε
und das Tier sagte ihm, er könne aufbrechen, wann er wolle
και το θηρίο του είπε ότι μπορεί να ξεκινήσει όταν ήθελε
und das Tier erzählte ihm noch etwas
και το θηρίο του είπε κάτι ακόμα
„Du sollst nicht mit leeren Händen gehen"
«Δεν θα φύγεις με άδεια χέρια»
„Geh zurück in das Zimmer, in dem du lagst"
"πήγαινε πίσω στο δωμάτιο που ξαπλώνεις"
„Sie werden eine große leere Schatzkiste sehen"
"Θα δείτε ένα μεγάλο άδειο σεντούκι θησαυρού"
„Fülle die Schatzkiste mit allem, was Dir am besten gefällt"
"γεμίστε το σεντούκι με ό,τι σας αρέσει περισσότερο"
„und ich werde die Schatzkiste zu Dir nach Hause schicken"
"και θα στείλω το σεντούκι στο σπίτι σου"
und gleichzeitig zog sich das Tier zurück
και την ίδια στιγμή το θηρίο αποσύρθηκε
„Nun", sagte sich der gute Mann
«Λοιπόν», είπε μέσα του ο καλός
„Wenn ich sterben muss, werde ich meinen Kindern wenigstens etwas hinterlassen"
«Αν πρέπει να πεθάνω, τουλάχιστον θα αφήσω κάτι στα παιδιά μου»
so kehrte er ins Schlafzimmer zurück
έτσι επέστρεψε στην κρεβατοκάμαρα
und er fand sehr viele Goldstücke
και βρήκε πάρα πολλά κομμάτια χρυσού
er füllte die Schatzkiste, die das Tier erwähnt hatte

γέμισε το σεντούκι του θησαυρού που είχε αναφέρει το θηρίο
und er holte sein Pferd aus dem Stall
και έβγαλε το άλογό του από τον στάβλο
die Freude, die er beim Betreten des Palastes empfand, war nun genauso groß wie die Trauer, die er beim Verlassen des Palastes empfand
η χαρά που ένιωθε μπαίνοντας στο παλάτι ήταν πλέον ίση με τη θλίψη που ένιωθε φεύγοντας από αυτό
Das Pferd nahm einen der Wege im Wald
το άλογο πήρε έναν από τους δρόμους του δάσους
und in wenigen Stunden war der gute Mann zu Hause
και σε λίγες ώρες ο καλός ήταν σπίτι
seine Kinder kamen zu ihm
ήρθαν κοντά του τα παιδιά του
aber anstatt ihre Umarmungen mit Freude entgegenzunehmen, sah er sie an
αλλά αντί να δεχτεί τις αγκαλιές τους με ευχαρίστηση, τους κοίταξε
er hielt den Ast hoch, den er in den Händen hielt
κράτησε ψηλά το κλαδί που είχε στα χέρια του
und dann brach er in Tränen aus
και μετά ξέσπασε σε κλάματα
„Schönheit", sagte er, „nimm bitte diese Rosen"
"Ομορφιά", είπε, "παρακαλώ πάρτε αυτά τα τριαντάφυλλα"
„Sie können nicht wissen, wie teuer diese Rosen waren"
"Δεν μπορείς να ξέρεις πόσο ακριβά είναι αυτά τα τριαντάφυλλα"
„Diese Rosen haben deinen Vater das Leben gekostet"
«Αυτά τα τριαντάφυλλα κόστισαν τη ζωή του πατέρα σου»
und dann erzählte er von seinem tödlichen Abenteuer
και μετά είπε για τη μοιραία του περιπέτεια
Sofort schrien die beiden ältesten Schwestern
αμέσως φώναξαν οι δύο μεγαλύτερες αδερφές
und sie sagten viele gemeine Dinge zu ihrer schönen Schwester

και είπαν πολλά κακά πράγματα στην όμορφη αδερφή τους
aber die Schönheit weinte überhaupt nicht
αλλά η ομορφιά δεν έκλαψε καθόλου
„Seht euch den Stolz dieses kleinen Schurken an", sagten sie
«Κοίτα την περηφάνια αυτού του μικρού άθλιου», είπαν
„Sie hat nicht nach schönen Kleidern gefragt"
«Δεν ζήτησε ωραία ρούχα»
„Sie hätte tun sollen, was wir getan haben"
«Έπρεπε να είχε κάνει αυτό που κάναμε»
„Sie wollte sich hervortun"
«Ήθελε να ξεχωρίσει»
„so wird sie nun den Tod unseres Vaters bedeuten"
"Έτσι τώρα θα είναι ο θάνατος του πατέρα μας"
„und doch vergießt sie keine Träne"
«Κι όμως δεν χύνει ούτε ένα δάκρυ»
"Warum sollte ich weinen?", antwortete die Schönheit
«Γιατί να κλάψω;» απάντησε η ομορφιά
„Weinen wäre völlig unnötig"
"Το κλάμα θα ήταν πολύ περιττό"
„Mein Vater wird nicht für mich leiden"
«Ο πατέρας μου δεν θα υποφέρει για μένα»
„Das Monster wird eine seiner Töchter akzeptieren"
"Το τέρας θα δεχτεί μια από τις κόρες του"
„Ich werde mich seiner ganzen Wut aussetzen"
«Θα προσφερθώ σε όλη του την οργή»
„Ich bin sehr glücklich, denn mein Tod wird das Leben meines Vaters retten"
«Είμαι πολύ χαρούμενος, γιατί ο θάνατός μου θα σώσει τη ζωή του πατέρα μου»
„Mein Tod wird ein Beweis meiner Liebe sein"
"Ο θάνατός μου θα είναι απόδειξη της αγάπης μου"
„Nein, Schwester", sagten ihre drei Brüder
«Όχι, αδερφή», είπαν τα τρία αδέρφια της
„das darf nicht sein"

"αυτό δεν θα είναι"
„Wir werden das Monster finden"
«Θα πάμε να βρούμε το τέρας»
"und entweder wir werden ihn töten..."
«Και ή θα τον σκοτώσουμε...»
„... oder wir werden bei dem Versuch umkommen"
«... αλλιώς θα χαθούμε στην προσπάθεια»
„Stellt euch nichts dergleichen vor, meine Söhne", sagte der Kaufmann
«Μη φανταστείτε κάτι τέτοιο, γιοι μου», είπε ο έμπορος
„Die Kraft des Biests ist so groß, dass ich keine Hoffnung habe, dass Ihr es besiegen könntet."
"Η δύναμη του θηρίου είναι τόσο μεγάλη που δεν έχω καμία ελπίδα ότι θα μπορούσες να τον ξεπεράσεις"
„Ich bin entzückt von dem freundlichen und großzügigen Angebot der Schönheit"
«Μαγεύομαι με την ευγενική και γενναιόδωρη προσφορά της ομορφιάς»
„aber ich kann ihre Großzügigkeit nicht annehmen"
«αλλά δεν μπορώ να δεχτώ τη γενναιοδωρία της»
„Ich bin alt und habe nicht mehr lange zu leben"
«Είμαι μεγάλος και δεν έχω πολύ να ζήσω»
„also kann ich nur ein paar Jahre verlieren"
"έτσι μπορώ να χάσω μόνο μερικά χρόνια"
„Zeit, die ich für euch bereue, meine lieben Kinder"
«Χρόνος που μετανιώνω για εσάς, αγαπητά μου παιδιά»
„Aber Vater", sagte die Schönheit
«Μα πατέρα», είπε η καλλονή
„Du sollst nicht ohne mich in den Palast gehen"
"Δεν θα πας στο παλάτι χωρίς εμένα"
„Du kannst mich nicht davon abhalten, dir zu folgen"
"Δεν μπορείς να με εμποδίσεις να σε ακολουθήσω"
nichts könnte Schönheit vom Gegenteil überzeugen
τίποτα δεν θα μπορούσε να πείσει την ομορφιά για το αντίθετο
Sie bestand darauf, in den schönen Palast zu gehen

επέμενε να πάει στο ωραίο παλάτι
und ihre Schwestern waren erfreut über ihre Beharrlichkeit
και οι αδερφές της χάρηκαν με την επιμονή της
Der Kaufmann war besorgt bei dem Gedanken, seine Tochter zu verlieren
Ο έμπορος ανησυχούσε στη σκέψη ότι θα χάσει την κόρη του
er war so besorgt, dass er die Truhe voller Gold vergessen hatte
ήταν τόσο ανήσυχος που είχε ξεχάσει το σεντούκι γεμάτο χρυσάφι
Abends begab er sich zur Ruhe und schloss die Tür seines Zimmers.
το βράδυ αποσύρθηκε για να ξεκουραστεί και έκλεισε την πόρτα του θαλάμου του
Dann fand er zu seinem großen Erstaunen den Schatz neben seinem Bett.
τότε, προς μεγάλη του έκπληξη, βρήκε τον θησαυρό δίπλα στο κρεβάτι του
er war entschlossen, es seinen Kindern nicht zu erzählen
ήταν αποφασισμένος να μην το πει στα παιδιά του
Wenn sie es gewusst hätten, wären sie in die Stadt zurückgekehrt
αν ήξεραν, θα ήθελαν να επιστρέψουν στην πόλη
und er war entschlossen, das Land nicht zu verlassen
και αποφάσισε να μην εγκαταλείψει την ύπαιθρο
aber er vertraute der Schönheit das Geheimnis
αλλά εμπιστεύτηκε την ομορφιά με το μυστικό
Sie teilte ihm mit, dass zwei Herren gekommen seien
τον ενημέρωσε ότι είχαν έρθει δύο κύριοι
und sie machten ihren Schwestern einen Heiratsantrag
και έκαναν προτάσεις στις αδερφές της
Sie bat ihren Vater, ihrer Heirat zuzustimmen
παρακάλεσε τον πατέρα της να συναινέσει στο γάμο τους
und sie bat ihn, ihnen etwas von seinem Vermögen zu geben

και του ζήτησε να τους δώσει λίγη από την περιουσία του
sie hatte ihnen bereits vergeben
τους είχε ήδη συγχωρήσει
Die bösen Kreaturen rieben ihre Augen mit Zwiebeln
τα πονηρά πλάσματα έτριβαν τα μάτια τους με κρεμμύδια
um beim Abschied von der Schwester ein paar Tränen zu vergießen
για να ζορίσουν μερικά δάκρυα όταν χώρισαν με την αδερφή τους
aber ihre Brüder waren wirklich besorgt
αλλά τα αδέρφια της ανησυχούσαν πραγματικά
Schönheit war die einzige, die keine Tränen vergoss
η ομορφιά ήταν η μόνη που δεν έχυσε κανένα δάκρυ
sie wollte ihr Unbehagen nicht vergrößern
δεν ήθελε να αυξήσει την ανησυχία τους
Das Pferd nahm den direkten Weg zum Palast
το άλογο πήρε τον άμεσο δρόμο για το παλάτι
und gegen Abend sahen sie den erleuchteten Palast
και προς το βράδυ είδαν το φωτισμένο παλάτι
das Pferd begab sich wieder in den Stall
το άλογο ξαναπήγε στον στάβλο
und der gute Mann und seine Tochter gingen in die große Halle
και ο καλός άνθρωπος και η κόρη του πήγαν στη μεγάλη αίθουσα
hier fanden sie einen herrlich gedeckten Tisch
εδώ βρήκαν ένα τραπέζι που σερβίρεται υπέροχα
der Kaufmann hatte keinen Appetit zu essen
ο έμπορος δεν είχε όρεξη να φάει
aber die Schönheit bemühte sich, fröhlich zu erscheinen
αλλά η ομορφιά προσπαθούσε να φαίνεται χαρούμενη
sie setzte sich an den Tisch und half ihrem Vater
κάθισε στο τραπέζι και βοήθησε τον πατέρα της
aber sie dachte auch bei sich:
αλλά σκέφτηκε και από μέσα της:
„Das Biest will mich sicher mästen, bevor es mich frisst"

"Το θηρίο θέλει σίγουρα να με παχύνει πριν με φάει"
„deshalb sorgt er für so viel Unterhaltung"
"γι' αυτό παρέχει τόσο άφθονη ψυχαγωγία"
Nachdem sie gegessen hatten, hörten sie ein großes Geräusch
αφού έφαγαν άκουσαν έναν μεγάλο θόρυβο
und der Kaufmann verabschiedete sich mit Tränen in den Augen von seinem unglücklichen Kind
και ο έμπορος αποχαιρέτησε το άτυχο παιδί του, με δάκρυα στα μάτια
weil er wusste, dass das Biest kommen würde
γιατί ήξερε ότι το θηρίο ερχόταν
Die Schönheit war entsetzt über seine schreckliche Gestalt
η ομορφιά τρομοκρατήθηκε με την φρικτή μορφή του
aber sie nahm ihren Mut zusammen, so gut sie konnte
αλλά πήρε κουράγιο όσο καλύτερα μπορούσε
und das Monster fragte sie, ob sie freiwillig mitkäme
και το τέρας τη ρώτησε αν ήρθε πρόθυμα
"ja, ich bin freiwillig gekommen", sagte sie zitternd
«Ναι, ήρθα πρόθυμα», είπε τρέμοντας
Das Tier antwortete: „Du bist sehr gut"
το θηρίο απάντησε: "Είσαι πολύ καλός"
„und ich bin Ihnen zu großem Dank verpflichtet, ehrlicher Mann"
«Και είμαι πολύ υποχρεωμένος απέναντί σου• τίμιος άνθρωπος»
„Geht morgen früh eure Wege"
"πήγαινε αύριο το πρωί"
„aber denk nie daran, wieder hierher zu kommen"
"αλλά ποτέ μην σκεφτείς να έρθω ξανά εδώ"
„Lebe wohl, Schönheit, lebe wohl, Biest", antwortete er
«Αντίο ομορφιά, αντίο κτήνος», απάντησε
und sofort zog sich das Monster zurück
και αμέσως το τέρας αποσύρθηκε
"Oh, Tochter", sagte der Kaufmann
«Ω, κόρη», είπε ο έμπορος

und er umarmte seine Tochter noch einmal
και αγκάλιασε για άλλη μια φορά την κόρη του
„Ich habe fast Todesangst"
«Είμαι σχεδόν φοβισμένος μέχρι θανάτου»
„glauben Sie mir, Sie sollten lieber zurückgehen"
"Πίστεψέ με, καλύτερα να γυρίσεις πίσω"
„Lass mich hier bleiben, statt dir"
«Άσε με να μείνω εδώ, αντί για σένα»
„Nein, Vater", sagte die Schönheit entschlossen
«Όχι, πατέρα», είπε η ομορφιά, με αποφασιστικό τόνο
„Du sollst morgen früh aufbrechen"
"θα ξεκινήσετε αύριο το πρωί"
„überlasse mich der Obhut und dem Schutz der Vorsehung"
«Αφήστε με στη φροντίδα και την προστασία της πρόνοιας»
trotzdem gingen sie zu Bett
παρόλα αυτά πήγαν για ύπνο
Sie dachten, sie würden die ganze Nacht kein Auge zutun
νόμιζαν ότι δεν θα έκλειναν τα μάτια τους όλη τη νύχτα
aber als sie sich hinlegten, schliefen sie ein
αλλά όπως ξάπλωσαν κοιμήθηκαν
Die Schönheit träumte, eine schöne Dame kam und sagte zu ihr:
Η ομορφιά ονειρευόταν μια ωραία κυρία ήρθε και της είπε:
„Ich bin zufrieden, Schönheit, mit deinem guten Willen"
«Είμαι ικανοποιημένος, ομορφιά, με την καλή σου θέληση»
„Diese gute Tat von Ihnen wird nicht unbelohnt bleiben"
«Αυτή η καλή πράξη σου δεν θα μείνει απαράμιλλη»
Die Schöne erwachte und erzählte ihrem Vater ihren Traum
Η ομορφιά ξύπνησε και είπε στον πατέρα της το όνειρό της
der Traum tröstete ihn ein wenig
το όνειρο τον βοήθησε να τον παρηγορήσει λίγο
aber er konnte nicht anders, als bitterlich zu weinen, als er ging
αλλά δεν μπορούσε να μην κλάψει πικρά καθώς έφευγε
Sobald er weg war, setzte sich Schönheit in die große Halle

und weinte ebenfalls
μόλις έφυγε, η ομορφιά κάθισε στη μεγάλη αίθουσα και έκλαψε κι αυτή
aber sie beschloss, sich keine Sorgen zu machen
αλλά αποφάσισε να μην είναι άβολη
Sie beschloss, in der kurzen Zeit, die ihr noch zu leben blieb, stark zu sein
αποφάσισε να είναι δυνατή για τον λίγο χρόνο που της είχε απομείνει για να ζήσει
weil sie fest davon überzeugt war, dass das Biest sie fressen würde
γιατί πίστευε ακράδαντα ότι το θηρίο θα την έτρωγε
Sie dachte jedoch, sie könnte genauso gut den Palast erkunden
ωστόσο, σκέφτηκε ότι θα μπορούσε κάλλιστα να εξερευνήσει το παλάτι
und sie wollte das schöne Schloss besichtigen
και ήθελε να δει το ωραίο κάστρο
ein Schloss, das sie bewundern musste
ένα κάστρο που δεν μπορούσε να μην θαυμάσει
Es war ein wunderbar angenehmer Palast
ήταν ένα απολαυστικά ευχάριστο παλάτι
und sie war äußerst überrascht, als sie eine Tür sah
και ξαφνιάστηκε πολύ βλέποντας μια πόρτα
und über der Tür stand, dass es ihr Zimmer sei
και πάνω από την πόρτα έγραφε ότι ήταν το δωμάτιό της
sie öffnete hastig die Tür
άνοιξε την πόρτα βιαστικά
und sie war ganz geblendet von der Pracht des Raumes
και ήταν αρκετά έκθαμβη με τη μεγαλοπρέπεια του δωματίου
was ihre Aufmerksamkeit vor allem auf sich zog, war eine große Bibliothek
αυτό που τράβηξε κυρίως την προσοχή της ήταν μια μεγάλη βιβλιοθήκη
ein Cembalo und mehrere Notenbücher

ένα τσέμπαλο και πολλά μουσικά βιβλία
„Nun", sagte sie zu sich selbst
«Λοιπόν», είπε μέσα της
„Ich sehe, das Biest wird meine Zeit nicht verstreichen lassen"
"Βλέπω ότι το θηρίο δεν θα αφήσει τον χρόνο μου να κρεμάσει βαρύ"
dann dachte sie über ihre Situation nach
μετά σκέφτηκε τον εαυτό της για την κατάστασή της
„Wenn ich einen Tag bleiben sollte, wäre das alles nicht hier"
«Αν ήταν γραφτό να μείνω μια μέρα, όλα αυτά δεν θα ήταν εδώ»
diese Überlegung gab ihr neuen Mut
αυτή η σκέψη της ενέπνευσε νέο θάρρος
und sie nahm ein Buch aus ihrer neuen Bibliothek
και πήρε ένα βιβλίο από τη νέα της βιβλιοθήκη
und sie las diese Worte in goldenen Buchstaben:
και διάβασε αυτά τα λόγια με χρυσά γράμματα:
„Begrüße Schönheit, vertreibe die Angst"
"Καλώς ήρθες ομορφιά, διώξε τον φόβο"
„Du bist hier Königin und Herrin"
«Είσαι βασίλισσα και ερωμένη εδώ»
„Sprich deine Wünsche aus, sprich deinen Willen aus"
«Πείτε τις επιθυμίες σας, πείτε τη θέλησή σας»
„Schneller Gehorsam begegnet hier Ihren Wünschen"
"Η γρήγορη υπακοή ικανοποιεί τις επιθυμίες σας εδώ"
"Ach", sagte sie mit einem Seufzer
«Αλίμονο», είπε εκείνη αναστενάζοντας
„Am meisten wünsche ich mir, meinen armen Vater zu sehen"
«Πάνω από όλα θέλω να δω τον φτωχό πατέρα μου»
„und ich würde gerne wissen, was er tut"
«Και θα ήθελα να μάθω τι κάνει»
Kaum hatte sie das gesagt, bemerkte sie den Spiegel
Μόλις το είπε αυτό, παρατήρησε τον καθρέφτη

zu ihrem großen Erstaunen sah sie ihr eigenes Zuhause im Spiegel
προς μεγάλη της έκπληξη είδε το δικό της σπίτι στον καθρέφτη
Ihr Vater kam emotional erschöpft an
ο πατέρας της έφτασε συναισθηματικά εξαντλημένος
Ihre Schwestern gingen ihm entgegen
οι αδερφές της πήγαν να τον συναντήσουν
trotz ihrer Versuche, traurig zu wirken, war ihre Freude sichtbar
παρά τις προσπάθειές τους να φανούν λυπημένοι, η χαρά τους ήταν ορατή
einen Moment später war alles verschwunden
μια στιγμή αργότερα όλα εξαφανίστηκαν
und auch die Befürchtungen der Schönheit verschwanden
και οι φοβίες της ομορφιάς εξαφανίστηκαν επίσης
denn sie wusste, dass sie dem Tier vertrauen konnte
γιατί ήξερε ότι μπορούσε να εμπιστευτεί το θηρίο
Mittags fand sie das Abendessen fertig
Το μεσημέρι βρήκε έτοιμο το δείπνο
sie setzte sich an den Tisch
κάθισε η ίδια στο τραπέζι
und sie wurde mit einem Musikkonzert unterhalten
και διασκέδασε με μια συναυλία μουσικής
obwohl sie niemanden sehen konnte
αν και δεν μπορούσε να δει κανέναν
abends setzte sie sich wieder zum Abendessen
το βράδυ κάθισε πάλι για δείπνο
diesmal hörte sie das Geräusch, das das Tier machte
αυτή τη φορά άκουσε τον θόρυβο που έκανε το θηρίο
und sie konnte nicht anders, als Angst zu haben
και δεν μπορούσε να μην είναι τρομοκρατημένη
"Schönheit", sagte das Monster
«Ομορφιά», είπε το τέρας
"erlaubst du mir, mit dir zu essen?"
"Μου επιτρέπεις να φάω μαζί σου;"

"Mach, was du willst", antwortete die Schönheit zitternd
«Κάνε ό,τι θέλεις», απάντησε η ομορφιά τρέμοντας
„Nein", antwortete das Tier
«Όχι», απάντησε το θηρίο
„Du allein bist hier die Herrin"
"Εσύ είσαι ερωμένη εδώ"
„Sie können mich wegschicken, wenn ich Ärger mache"
"Μπορείς να με διώξεις αν είμαι ενοχλητικός"
„schick mich fort, und ich werde mich sofort zurückziehen"
«Στείλτε με και θα αποσυρθώ αμέσως»
„Aber sagen Sie mir: Finden Sie mich nicht sehr hässlich?"
«Μα, πες μου• δεν νομίζεις ότι είμαι πολύ άσχημος;»
„Das stimmt", sagte die Schönheit
«Αυτό είναι αλήθεια», είπε η καλλονή
„Ich kann nicht lügen"
«Δεν μπορώ να πω ψέματα»
„aber ich glaube, Sie sind sehr gutmütig"
"αλλά πιστεύω ότι είσαι πολύ καλός"
„Das bin ich tatsächlich", sagte das Monster
«Είμαι πράγματι», είπε το τέρας
„Aber abgesehen von meiner Hässlichkeit habe ich auch keinen Verstand"
«Μα εκτός από την ασχήμια μου, δεν έχω και λογική»
„Ich weiß sehr wohl, dass ich ein dummes Wesen bin"
«Ξέρω πολύ καλά ότι είμαι ένα ανόητο πλάσμα»
„Es ist kein Zeichen von Torheit, so zu denken", antwortete die Schönheit
«Δεν είναι σημάδι ανοησίας να το πιστεύεις», απάντησε η καλλονή
„Dann iss, Schönheit", sagte das Monster
«Φάε τότε, ομορφιά», είπε το τέρας
„Versuchen Sie, sich in Ihrem Palast zu amüsieren"
"προσπάθησε να διασκεδάσεις στο παλάτι σου"
"alles hier gehört dir"
"όλα εδώ είναι δικά σου"
„Und ich wäre sehr unruhig, wenn Sie nicht glücklich

wären"
«Και θα ήμουν πολύ άβολα αν δεν ήσουν ευχαριστημένος»
„Sie sind sehr zuvorkommend", antwortete die Schönheit
«Είσαι πολύ υποχρεωμένη», απάντησε η ομορφιά
„Ich gebe zu, ich freue mich über Ihre Freundlichkeit"
«Ομολογώ ότι είμαι ευχαριστημένος με την καλοσύνη σου»
„Und wenn ich über deine Freundlichkeit nachdenke, fallen mir deine Missbildungen kaum auf"
"Και όταν σκέφτομαι την καλοσύνη σου, δεν παρατηρώ σχεδόν τις παραμορφώσεις σου"
„Ja, ja", sagte das Tier, „mein Herz ist gut
«Ναι, ναι», είπε το θηρίο, «η καρδιά μου είναι καλή
„Aber obwohl ich gut bin, bin ich immer noch ein Monster"
"αλλά παρόλο που είμαι καλός, εξακολουθώ να είμαι ένα τέρας"
„Es gibt viele Männer, die diesen Namen mehr verdienen als Sie."
"Υπάρχουν πολλοί άντρες που αξίζουν αυτό το όνομα περισσότερο από εσένα"
„und ich bevorzuge dich, so wie du bist"
"και σε προτιμώ όπως είσαι"
„und ich ziehe dich denen vor, die ein undankbares Herz verbergen"
"και σε προτιμώ περισσότερο από αυτούς που κρύβουν μια αχάριστη καρδιά"
"Wenn ich nur etwas Verstand hätte", antwortete das Biest
«Αν είχα λίγη λογική», απάντησε το θηρίο
„Wenn ich vernünftig wäre, würde ich Ihnen als Dank ein schönes Kompliment machen"
"Αν είχα νόημα θα έκανα ένα καλό κομπλιμέντο για να σε ευχαριστήσω"
"aber ich bin so langweilig"
"αλλά είμαι τόσο βαρετή"
„Ich kann nur sagen, dass ich Ihnen zu großem Dank verpflichtet bin"
«Μπορώ μόνο να πω ότι σας είμαι πολύ υποχρεωμένος»

Schönheit aß ein herzhaftes Abendessen
η ομορφιά έφαγε ένα χορταστικό δείπνο
und sie hatte ihre Angst vor dem Monster fast überwunden
και είχε σχεδόν νικήσει τον τρόμο της για το τέρας
aber sie wollte ohnmächtig werden, als das Biest ihr die nächste Frage stellte
αλλά ήθελε να λιποθυμήσει όταν το θηρίο της έκανε την επόμενη ερώτηση
"Schönheit, willst du meine Frau werden?"
«Ομορφιά, θα γίνεις γυναίκα μου;»
es dauerte eine Weile, bis sie antworten konnte
πήρε λίγο χρόνο για να μπορέσει να απαντήσει
weil sie Angst hatte, ihn wütend zu machen
γιατί φοβόταν μην τον θυμώσει
Schließlich sagte sie jedoch "nein, Biest"
επιτέλους, όμως, είπε "όχι, θηρίο"
sofort zischte das arme Monster ganz fürchterlich
αμέσως το καημένο το τέρας σφύριξε πολύ τρομακτικά
und der ganze Palast hallte
και ολόκληρο το παλάτι αντήχησε
aber die Schönheit erholte sich bald von ihrem Schrecken
αλλά η ομορφιά σύντομα συνήλθε από τον τρόμο της
denn das Tier sprach wieder mit trauriger Stimme
γιατί το θηρίο μίλησε ξανά με πένθιμη φωνή
„Dann leb wohl, Schönheit"
"τότε αντίο, ομορφιά"
und er drehte sich nur ab und zu um
και γύριζε μόνο πίσω που και που
um sie anzusehen, als er hinausging
να την κοιτάζει καθώς έβγαινε έξω
jetzt war die Schönheit wieder allein
τώρα η ομορφιά ήταν πάλι μόνη
Sie empfand großes Mitgefühl
ένιωθε μεγάλη συμπόνια
„Ach, es ist tausendmal schade"
«Αλίμονο, είναι χίλια κρίμα»

„Etwas, das so gutmütig ist, sollte nicht so hässlich sein"
"Οτιδήποτε τόσο καλό είναι να μην είναι τόσο άσχημο"
Schönheit verbrachte drei Monate sehr zufrieden im Palast
η καλλονή πέρασε τρεις μήνες πολύ ικανοποιημένη στο παλάτι
jeden Abend stattete ihr das Biest einen Besuch ab
κάθε απόγευμα το θηρίο την επισκεπτόταν
und sie redeten beim Abendessen
και μίλησαν κατά τη διάρκεια του δείπνου
Sie sprachen mit gesundem Menschenverstand
μιλούσαν με κοινή λογική
aber sie sprachen nicht mit dem, was man als geistreich bezeichnet
αλλά δεν μίλησαν με αυτό που οι άνθρωποι αποκαλούν πνευματώδη
Schönheit entdeckte immer einen wertvollen Charakter im Biest
η ομορφιά πάντα ανακάλυπτε κάποιο πολύτιμο χαρακτήρα στο θηρίο
und sie hatte sich an seine Missbildung gewöhnt
και είχε συνηθίσει την παραμόρφωσή του
sie fürchtete sich nicht mehr vor seinem Besuch
δεν φοβόταν πια την ώρα της επίσκεψής του
jetzt schaute sie oft auf die Uhr
τώρα κοίταζε συχνά το ρολόι της
und sie konnte es kaum erwarten, bis es neun Uhr war
και ανυπομονούσε να είναι εννιά η ώρα
denn das Tier kam immer zu dieser Stunde
γιατί το θηρίο δεν έχασε ποτέ να έρθει εκείνη την ώρα
Es gab nur eine Sache, die Schönheit betraf
υπήρχε μόνο ένα πράγμα που αφορούσε την ομορφιά
jeden Abend, bevor sie ins Bett ging, stellte ihr das Biest die gleiche Frage
κάθε βράδυ πριν πάει για ύπνο το θηρίο της έκανε την ίδια ερώτηση
Das Monster fragte sie, ob sie seine Frau werden wolle

το τέρας τη ρώτησε αν θα ήταν γυναίκα του
Eines Tages sagte sie zu ihm: „Biest, du machst mir große Sorgen."
μια μέρα του είπε, "θηρίο, με κάνεις πολύ ανήσυχο"
„Ich wünschte, ich könnte einwilligen, dich zu heiraten"
«Μακάρι να μπορούσα να συναινέσω να σε παντρευτώ»
„Aber ich bin zu aufrichtig, um dir zu glauben zu machen, dass ich dich heiraten würde"
"αλλά είμαι πολύ ειλικρινής για να σε κάνω να πιστέψεις ότι θα σε παντρευόμουν"
„Unsere Ehe wird nie stattfinden"
«Ο γάμος μας δεν θα γίνει ποτέ»
„Ich werde dich immer als Freund sehen"
«Θα σε βλέπω πάντα σαν φίλο»
„Bitte versuchen Sie, damit zufrieden zu sein"
"Προσπαθήστε να είστε ικανοποιημένοι με αυτό"
„Damit muss ich zufrieden sein", sagte das Tier
«Πρέπει να είμαι ικανοποιημένος με αυτό», είπε το θηρίο
„Ich kenne mein eigenes Unglück"
«Ξέρω τη δική μου ατυχία»
„aber ich liebe dich mit der zärtlichsten Zuneigung"
"αλλά σε αγαπώ με την πιο τρυφερή στοργή"
„Ich sollte mich jedoch als glücklich betrachten"
«Ωστόσο, θα έπρεπε να θεωρώ τον εαυτό μου ευτυχισμένο»
"und ich würde mich freuen, wenn du hier bleibst"
"Και θα χαίρομαι που θα μείνεις εδώ"
„versprich mir, mich nie zu verlassen"
«Υπόσχεσέ μου να μην με αφήσεις ποτέ»
Schönheit errötete bei diesen Worten
η ομορφιά κοκκίνισε με αυτά τα λόγια
Eines Tages schaute die Schönheit in ihren Spiegel
μια μέρα η ομορφιά κοιτούσε στον καθρέφτη της
ihr Vater hatte sich schreckliche Sorgen um sie gemacht
ο πατέρας της είχε ανησυχήσει άρρωστος για εκείνη
sie sehnte sich mehr denn je danach, ihn wiederzusehen
λαχταρούσε να τον ξαναδεί περισσότερο από ποτέ

„Ich könnte versprechen, dich nie ganz zu verlassen"
«Θα μπορούσα να υποσχεθώ ότι δεν θα σε αφήσω ποτέ εντελώς»
„aber ich habe so ein großes Verlangen, meinen Vater zu sehen"
"αλλά έχω τόσο μεγάλη επιθυμία να δω τον πατέρα μου"
„Ich wäre unendlich verärgert, wenn Sie nein sagen würden"
«Θα στεναχωριόμουν απίστευτα αν μου πεις όχι»
"Ich würde lieber selbst sterben", sagte das Monster
«Προτιμώ να πεθάνω εγώ», είπε το τέρας
„Ich würde lieber sterben, als dir Unbehagen zu bereiten"
«Προτιμώ να πεθάνω παρά να σε κάνω να νιώθεις ανησυχία»
„Ich werde dich zu deinem Vater schicken"
«Θα σε στείλω στον πατέρα σου»
„Du sollst bei ihm bleiben"
«θα μείνεις μαζί του»
"und dieses unglückliche Tier wird stattdessen vor Kummer sterben"
"και αυτό το άτυχο θηρίο θα πεθάνει με θλίψη"
"Nein", sagte die Schönheit weinend
«Όχι», είπε η καλλονή κλαίγοντας
„Ich liebe dich zu sehr, um die Ursache deines Todes zu sein"
«Σε αγαπώ πάρα πολύ για να είμαι η αιτία του θανάτου σου»
„Ich verspreche Ihnen, in einer Woche wiederzukommen"
"Σου δίνω την υπόσχεσή μου να επιστρέψω σε μια εβδομάδα"
„Du hast mir gezeigt, dass meine Schwestern verheiratet sind"
«Μου έδειξες ότι οι αδερφές μου είναι παντρεμένες»
„und meine Brüder sind zur Armee gegangen"
"και τα αδέρφια μου πήγαν στρατό"
"Lass mich eine Woche bei meinem Vater bleiben, da er

allein ist"
«Αφήστε με να μείνω μια εβδομάδα με τον πατέρα μου,
γιατί είναι μόνος»
"Morgen früh wirst du dort sein", sagte das Tier
«Θα είσαι εκεί αύριο το πρωί», είπε το θηρίο
„Aber denk an dein Versprechen"
"αλλά θυμήσου την υπόσχεσή σου"
„Sie brauchen Ihren Ring nur auf den Tisch zu legen, bevor
Sie zu Bett gehen."
"Χρειάζεται μόνο να βάλεις το δαχτυλίδι σου σε ένα
τραπέζι πριν πέσεις για ύπνο"
"Und dann werdet ihr vor dem Morgen zurückgebracht"
«Και μετά θα σε φέρουν πίσω πριν το πρωί»
„Lebe wohl, liebe Schönheit", seufzte das Tier
«Αντίο καλή μου ομορφιά», αναστέναξε το θηρίο
Die Schönheit ging an diesem Abend sehr traurig ins Bett
η ομορφιά πήγε για ύπνο πολύ λυπημένη εκείνο το βράδυ
weil sie das Tier nicht so besorgt sehen wollte
γιατί δεν ήθελε να δει θηρίο τόσο ανήσυχη
**am nächsten Morgen fand sie sich im Haus ihres Vaters
wieder**
το επόμενο πρωί βρέθηκε στο σπίτι του πατέρα της
sie läutete eine kleine Glocke neben ihrem Bett
χτύπησε ένα μικρό κουδούνι δίπλα στο κρεβάτι της
und das Dienstmädchen stieß einen lauten Schrei aus
και η υπηρέτρια έκανε μια δυνατή κραυγή
und ihr Vater rannte nach oben
και ο πατέρας της έτρεξε πάνω
er dachte, er würde vor Freude sterben
νόμιζε ότι θα πέθαινε από χαρά
er hielt sie eine Viertelstunde lang in seinen Armen
την κράτησε στην αγκαλιά του για ένα τέταρτο της ώρας
irgendwann waren die ersten Grüße vorbei
τελικά τελείωσαν οι πρώτοι χαιρετισμοί
Schönheit begann daran zu denken, aus dem Bett zu steigen
η ομορφιά άρχισε να σκέφτεται να σηκωθεί από το κρεβάτι

aber sie merkte, dass sie keine Kleidung mitgebracht hatte
αλλά συνειδητοποίησε ότι δεν είχε φέρει ρούχα
aber das Dienstmädchen sagte ihr, sie habe eine Kiste gefunden
αλλά η υπηρέτρια της είπε ότι είχε βρει ένα κουτί
der große Koffer war voller Kleider und Kleider
ο μεγάλος κορμός ήταν γεμάτος τουαλέτες και φορέματα
jedes Kleid war mit Gold und Diamanten bedeckt
κάθε φόρεμα ήταν καλυμμένο με χρυσό και διαμάντια
Schönheit dankte dem Tier für seine freundliche Pflege
η ομορφιά ευχαρίστησε τον θηρίο για την ευγενική του φροντίδα
und sie nahm eines der schlichtesten Kleider
και πήρε ένα από τα πιο απλά φορέματα
Die anderen Kleider wollte sie ihren Schwestern schenken
σκόπευε να δώσει τα άλλα φορέματα στις αδερφές της
aber bei diesem Gedanken verschwand die Kleidertruhe
αλλά σε αυτή τη σκέψη το σεντούκι με τα ρούχα εξαφανίστηκε
Das Biest hatte darauf bestanden, dass die Kleidung nur für sie sei
Το θηρίο είχε επιμείνει ότι τα ρούχα ήταν μόνο για εκείνη
ihr Vater sagte ihr, dass dies der Fall sei
ο πατέρας της της είπε ότι έτσι ήταν
und sofort kam die Kleidertruhe wieder zurück
και αμέσως το μπαούλο των ρούχων ξαναγύρισε
Schönheit kleidete sich mit ihren neuen Kleidern
η καλλονή ντύθηκε η ίδια με τα νέα της ρούχα
und in der Zwischenzeit gingen die Mägde los, um ihre Schwestern zu finden
και στο μεταξύ υπηρέτριες πήγαν να βρουν τις αδερφές της
Ihre beiden Schwestern waren mit ihren Ehemännern
και η αδερφή της ήταν με τους συζύγους τους
aber ihre beiden Schwestern waren sehr unglücklich
αλλά και οι δύο αδερφές της ήταν πολύ δυστυχισμένες
Ihre älteste Schwester hatte einen sehr gutaussehenden

Herrn geheiratet
η μεγαλύτερη αδερφή της είχε παντρευτεί έναν πολύ όμορφο κύριο
aber er war so selbstgefällig, dass er seine Frau vernachlässigte
αλλά αγαπούσε τόσο τον εαυτό του που παραμέλησε τη γυναίκα του
Ihre zweite Schwester hatte einen geistreichen Mann geheiratet
η δεύτερη αδερφή της είχε παντρευτεί έναν πνευματώδη άντρα
aber er nutzte seinen Witz, um die Leute zu quälen
αλλά χρησιμοποίησε την εξυπνάδα του για να βασανίσει τους ανθρώπους
und am meisten quälte er seine Frau
και βασάνιζε περισσότερο τη γυναίκα του
Die Schwestern der Schönheit sahen sie wie eine Prinzessin gekleidet
οι αδερφές της καλλονής την είδαν ντυμένη σαν πριγκίπισσα
und sie waren krank vor Neid
και αρρώστησαν από φθόνο
jetzt war sie schöner als je zuvor
τώρα ήταν πιο όμορφη από ποτέ
ihr liebevolles Verhalten konnte ihre Eifersucht nicht unterdrücken
η στοργική της συμπεριφορά δεν μπορούσε να καταπνίξει τη ζήλια τους
Sie erzählte ihnen, wie glücklich sie mit dem Tier war
τους είπε πόσο χαρούμενη ήταν με το θηρίο
und ihre Eifersucht war kurz vor dem Platzen
και η ζήλια τους ήταν έτοιμη να σκάσει
Sie gingen in den Garten, um über ihr Unglück zu weinen
Κατέβηκαν στον κήπο για να κλάψουν για την ατυχία τους
„Inwiefern ist dieses kleine Geschöpf besser als wir?"
«Με ποιον τρόπο αυτό το μικρό πλάσμα είναι καλύτερο

από εμάς;»
„Warum sollte sie so viel glücklicher sein?"
«Γιατί να είναι τόσο πιο χαρούμενη;»
„Schwester", sagte die ältere Schwester
«Αδερφή», είπε η μεγαλύτερη αδερφή
„Mir ist gerade ein Gedanke gekommen"
"Μια σκέψη μου ήρθε στο μυαλό"
„Versuchen wir, sie länger als eine Woche hier zu behalten"
"Ας προσπαθήσουμε να την κρατήσουμε εδώ για περισσότερο από μια εβδομάδα"
„Vielleicht macht das das dumme Monster wütend"
"ίσως αυτό εξοργίσει το ανόητο τέρας"
„weil sie ihr Wort gebrochen hätte"
"γιατί θα είχε παραβιάσει τον λόγο της"
"und dann könnte er sie verschlingen"
«και τότε μπορεί να την καταβροχθίσει»
"Das ist eine tolle Idee", antwortete die andere Schwester
«Είναι υπέροχη ιδέα», απάντησε η άλλη αδερφή
„Wir müssen ihr so viel Freundlichkeit wie möglich entgegenbringen"
«Πρέπει να της δείξουμε όσο το δυνατόν περισσότερη ευγένεια»
Die Schwestern fassten den Entschluss
οι αδερφές έκαναν αυτό το ψήφισμά τους
und sie verhielten sich sehr liebevoll gegenüber ihrer Schwester
και συμπεριφέρθηκαν πολύ στοργικά στην αδερφή τους
Die arme Schönheit weinte vor Freude über all ihre Freundlichkeit
η καημένη ομορφιά έκλαψε από χαρά από όλη τους την καλοσύνη
Als die Woche um war, weinten sie und rauften sich die Haare
όταν έληξε η εβδομάδα, έκλαιγαν και έσκισαν τα μαλλιά τους
es schien ihnen so leid zu tun, sich von ihr zu trennen

έδειχναν τόσο λυπημένοι που την αποχωρίζονταν
und die Schönheit versprach, noch eine Woche länger zu bleiben
και η ομορφιά υποσχέθηκε να μείνει μια εβδομάδα παραπάνω
In der Zwischenzeit konnte die Schönheit nicht umhin, über sich selbst nachzudenken
Στο μεταξύ, η ομορφιά δεν μπορούσε να μην σκεφτεί τον εαυτό της
sie machte sich Sorgen darüber, was sie dem armen Tier antat
ανησύχησε τι έκανε στο καημένο θηρίο
Sie wusste, dass sie ihn aufrichtig liebte
ξέρει ότι τον αγαπούσε ειλικρινά
und sie sehnte sich wirklich danach, ihn wiederzusehen
και λαχταρούσε πολύ να τον ξαναδεί
Auch die zehnte Nacht verbrachte sie bei ihrem Vater
τη δέκατη νύχτα που πέρασε και στον πατέρα της
sie träumte, sie sei im Schlossgarten
ονειρευόταν ότι ήταν στον κήπο του παλατιού
und sie träumte, sie sähe das Tier ausgestreckt im Gras liegen
και ονειρεύτηκε ότι είδε το θηρίο απλωμένο στο γρασίδι
er schien ihr mit sterbender Stimme Vorwürfe zu machen
φάνηκε να την κατακρίνει με μια ετοιμοθάνατη φωνή
und er warf ihr Undankbarkeit vor
και την κατηγόρησε για αχαριστία
Schönheit erwachte aus ihrem Schlaf
η καλλονή ξύπνησε από τον ύπνο της
und sie brach in Tränen aus
και ξέσπασε σε κλάματα
„Bin ich nicht sehr böse?"
«Δεν είμαι πολύ κακός;»
„War es nicht grausam von mir, so unfreundlich gegenüber dem Tier zu sein?"
«Δεν ήταν σκληρό εκ μέρους μου που φέρθηκα τόσο

άσχημα στο θηρίο;»
„Das Biest hat alles getan, um mir zu gefallen"
"Το θηρίο έκανε τα πάντα για να με ευχαριστήσει"
"Ist es seine Schuld, dass er so hässlich ist?"
«Φταίει που είναι τόσο άσχημος;
„Ist es seine Schuld, dass er so wenig Verstand hat?"
«Φταίει που έχει τόσο λίγη εξυπνάδα;»
„Er ist freundlich und gut, und das genügt"
«Είναι ευγενικός και καλός και αυτό αρκεί»
„Warum habe ich mich geweigert, ihn zu heiraten?"
«Γιατί αρνήθηκα να τον παντρευτώ;»
„Ich sollte mit dem Monster glücklich sein"
«Θα έπρεπε να είμαι χαρούμενος με το τέρας»
„Schau dir die Männer meiner Schwestern an"
«Κοίτα τους άντρες των αδερφών μου»
„Weder Witz noch Schönheit machen sie gut"
"Ούτε η πνευματώδης, ούτε το να είσαι όμορφος τους κάνει καλούς"
„Keiner ihrer Ehemänner macht sie glücklich"
"κανένας από τους συζύγους τους δεν τους κάνει ευτυχισμένους"
„sondern Tugend, Sanftmut und Geduld"
«αλλά η αρετή, η γλυκύτητα της ιδιοσυγκρασίας και η υπομονή»
„Diese Dinge machen eine Frau glücklich"
«Αυτά τα πράγματα κάνουν μια γυναίκα ευτυχισμένη»
„und das Tier hat all diese wertvollen Eigenschaften"
"και το θηρίο έχει όλες αυτές τις πολύτιμες ιδιότητες"
„es ist wahr, ich empfinde keine Zärtlichkeit und Zuneigung für ihn"
"Είναι αλήθεια, δεν νιώθω την τρυφερότητα της στοργής για αυτόν"
„aber ich empfinde für ihn die allergrößte Dankbarkeit"
«Αλλά θεωρώ ότι του τρέφω τη μεγαλύτερη ευγνωμοσύνη»
„und ich habe die höchste Wertschätzung für ihn"
«Και τον εκτιμώ πολύ»

"und er ist mein bester Freund"
«Και είναι ο καλύτερός μου φίλος»
„Ich werde ihn nicht unglücklich machen"
«Δεν θα τον κάνω μίζερο»
„Wenn ich so undankbar wäre, würde ich mir das nie verzeihen"
«Αν ήμουν τόσο αχάριστος δεν θα συγχωρούσα ποτέ τον εαυτό μου»
Schönheit legte ihren Ring auf den Tisch
η ομορφιά έβαλε το δαχτυλίδι της στο τραπέζι
und sie ging wieder zu Bett
και πήγε ξανά στο κρεβάτι
kaum war sie im Bett, da schlief sie ein
ήταν σπάνια στο κρεβάτι πριν την πάρει ο ύπνος
Sie wachte am nächsten Morgen wieder auf
ξύπνησε ξανά το επόμενο πρωί
und sie war überglücklich, sich im Palast des Tieres wiederzufinden
και ήταν πολύ χαρούμενη που βρέθηκε στο παλάτι του θηρίου
Sie zog eines ihrer schönsten Kleider an, um ihm zu gefallen
φόρεσε ένα από τα ωραιότερα φορέματά της για να τον ευχαριστήσει
und sie wartete geduldig auf den Abend
και περίμενε υπομονετικά το βράδυ
kam die ersehnte Stunde
ήρθε η πολυπόθητη ώρα
die Uhr schlug neun, doch kein Tier erschien
το ρολόι χτύπησε εννιά, αλλά κανένα θηρίο δεν εμφανίστηκε
Schönheit befürchtete dann, sie sei die Ursache seines Todes gewesen
τότε η ομορφιά φοβήθηκε ότι ήταν η αιτία του θανάτου του
Sie rannte weinend durch den ganzen Palast
έτρεξε κλαίγοντας σε όλο το παλάτι
nachdem sie ihn überall gesucht hatte, erinnerte sie sich an

ihren Traum
αφού τον αναζήτησε παντού, θυμήθηκε το όνειρό της
und sie rannte zum Kanal im Garten
και έτρεξε στο κανάλι του κήπου
Dort fand sie das arme Tier ausgestreckt
εκεί βρήκε το καημένο θηρίο απλωμένο
und sie war sicher, dass sie ihn getötet hatte
και ήταν σίγουρη ότι τον είχε σκοτώσει
sie warf sich ohne Furcht auf ihn
πετάχτηκε πάνω του χωρίς κανένα φόβο
sein Herz schlug noch
η καρδιά του χτυπούσε ακόμα
sie holte etwas Wasser aus dem Kanal
πήρε λίγο νερό από το κανάλι
und sie goss das Wasser über seinen Kopf
και του έριξε το νερό στο κεφάλι
Das Tier öffnete seine Augen und sprach mit der Schönheit
το θηρίο άνοιξε τα μάτια του και μίλησε στην ομορφιά
„Du hast dein Versprechen vergessen"
«Ξέχασες την υπόσχεσή σου»
„Es hat mir das Herz gebrochen, dich verloren zu haben"
«Ήμουν τόσο ραγισμένη που σε έχασα»
„Ich beschloss, zu hungern"
«Αποφάσισα να λιμοκτονήσω»
„aber ich habe das Glück, Sie wiederzusehen"
"αλλά έχω την ευτυχία να σε ξαναδώ"
„so habe ich das Vergnügen, zufrieden zu sterben"
"Έτσι έχω τη χαρά να πεθάνω ικανοποιημένος"
„Nein, liebes Tier", sagte die Schönheit, „du darfst nicht sterben"
«Όχι, αγαπητό κτήνος», είπε η καλλονή, «δεν πρέπει να πεθάνεις»
„Lebe, um mein Ehemann zu sein"
«Ζήσε για να γίνεις άντρας μου»
„Von diesem Augenblick an reiche ich dir meine Hand"
"Από αυτή τη στιγμή σου δίνω το χέρι μου"

„und ich schwöre, niemand anderes als Dein zu sein"
"και ορκίζομαι να μην είμαι άλλος παρά δικός σου"
„Ach! Ich dachte, ich hätte nur Freundschaft für dich."
"Αλίμονο! Νόμιζα ότι είχα μόνο μια φιλία για σένα"
"aber der Kummer, den ich jetzt fühle, überzeugt mich;"
«Αλλά η θλίψη που νιώθω τώρα με πείθει•»
„Ich kann nicht ohne dich leben"
"Δεν μπορώ να ζήσω χωρίς εσένα"
Schönheit hatte diese Worte kaum gesagt, als sie ein Licht sah
η ομορφιά σπάνια είχε πει αυτά τα λόγια όταν είδε ένα φως
der Palast funkelte im Licht
το παλάτι άστραφτε από φως
Feuerwerk erleuchtete den Himmel
πυροτεχνήματα φώτισαν τον ουρανό
und die Luft erfüllt mit Musik
και ο αέρας γέμισε μουσική
alles kündigte ein großes Ereignis an
όλα έδιναν ειδοποίηση για κάποιο σπουδαίο γεγονός
aber nichts konnte ihre Aufmerksamkeit fesseln
αλλά τίποτα δεν μπορούσε να κρατήσει την προσοχή της
sie wandte sich ihrem lieben Tier zu
στράφηκε στο αγαπημένο της θηρίο
das Tier, vor dem sie vor Angst zitterte
το θηρίο για το οποίο έτρεμε από φόβο
aber ihre Überraschung über das, was sie sah, war groß!
αλλά η έκπληξή της ήταν μεγάλη με αυτό που είδε!
das Tier war verschwunden
το θηρίο είχε εξαφανιστεί
stattdessen sah sie den schönsten Prinzen
αντίθετα είδε τον ωραιότερο πρίγκιπα
sie hatte den Zauber beendet
είχε βάλει τέλος στο ξόρκι
ein Zauber, unter dem er einem Tier ähnelte
ένα ξόρκι κάτω από το οποίο έμοιαζε με θηρίο
dieser Prinz war all ihre Aufmerksamkeit wert

αυτός ο πρίγκιπας άξιζε όλη της την προσοχή
aber sie konnte nicht anders und musste fragen, wo das Biest war
αλλά δεν μπορούσε να μην ρωτήσει πού ήταν το θηρίο
„Du siehst ihn zu deinen Füßen", sagte der Prinz
«Τον βλέπεις στα πόδια σου», είπε ο πρίγκιπας
„Eine böse Fee hatte mich verdammt"
«Μια κακή νεράιδα με είχε καταδικάσει»
„Ich sollte diese Gestalt behalten, bis eine wunderschöne Prinzessin einwilligte, mich zu heiraten."
«Έπρεπε να παραμείνω σε αυτή τη φόρμα μέχρι που μια όμορφη πριγκίπισσα συμφώνησε να με παντρευτεί»
„Die Fee hat mein Verständnis verborgen"
"Η νεράιδα έκρυψε την κατανόησή μου"
„Du warst der Einzige, der großzügig genug war, um von meiner guten Laune bezaubert zu sein."
"Ήσουν ο μόνος αρκετά γενναιόδωρος που σε γοητεύει η καλοσύνη της ιδιοσυγκρασίας μου"
Schönheit war angenehm überrascht
η ομορφιά ξαφνιάστηκε ευτυχώς
und sie gab dem bezaubernden Prinzen ihre Hand
και έδωσε το χέρι της στον γοητευτικό πρίγκιπα
Sie gingen zusammen ins Schloss
πήγαν μαζί στο κάστρο
und die Schöne war überglücklich, ihren Vater im Schloss zu finden
και η ομορφιά χάρηκε που βρήκε τον πατέρα της στο κάστρο
und ihre ganze Familie war auch da
και όλη η οικογένειά της ήταν επίσης εκεί
sogar die schöne Dame, die in ihrem Traum erschienen war, war da
ακόμη και η όμορφη κυρία που εμφανίστηκε στο όνειρό της ήταν εκεί
"Schönheit", sagte die Dame aus dem Traum
«Ομορφιά», είπε η κυρία από το όνειρο

„Komm und empfange deine Belohnung"
"έλα να λάβεις την ανταμοιβή σου"
„Sie haben die Tugend dem Witz oder dem Aussehen vorgezogen"
"προτιμάς την αρετή από την εξυπνάδα ή την εμφάνιση"
„und Sie verdienen jemanden, in dem diese Eigenschaften vereint sind"
"και σου αξίζει κάποιος στον οποίο ενώνονται αυτές οι ιδιότητες"
„Du wirst eine großartige Königin sein"
"θα γίνεις μεγάλη βασίλισσα"
„Ich hoffe, der Thron wird deine Tugend nicht schmälern"
«Ελπίζω ότι ο θρόνος δεν θα μειώσει την αρετή σου»
Dann wandte sich die Fee an die beiden Schwestern
τότε η νεράιδα στράφηκε προς τις δύο αδερφές
„Ich habe in eure Herzen geblickt"
«Έχω δει μέσα στις καρδιές σου»
„und ich kenne die ganze Bosheit, die in euren Herzen steckt"
"Και ξέρω όλη την κακία που περιέχει η καρδιά σου"
„Ihr beide werdet zu Statuen"
"Εσείς οι δύο θα γίνετε αγάλματα"
„Aber ihr werdet euren Verstand bewahren"
"αλλά θα έχεις το μυαλό σου"
„Du sollst vor den Toren des Palastes deiner Schwester stehen"
«Θα σταθείς στις πύλες του παλατιού της αδερφής σου»
„Das Glück deiner Schwester soll deine Strafe sein"
"Η ευτυχία της αδερφής σου θα είναι η τιμωρία σου"
„Sie werden nicht in Ihren früheren Zustand zurückkehren können"
"Δεν θα μπορέσεις να επιστρέψεις στις προηγούμενες πολιτείες σου"
„es sei denn, Sie beide geben Ihre Fehler zu"
"εκτός αν παραδεχτείτε και οι δύο τα λάθη σας"
„Aber ich sehe voraus, dass ihr immer Statuen bleiben

werdet"
"αλλά προβλέπω ότι θα παραμείνετε πάντα αγάλματα"
„Stolz, Zorn, Völlerei und Faulheit werden manchmal besiegt"
«Η υπερηφάνεια, ο θυμός, η λαιμαργία και η αδράνεια μερικές φορές κατακτώνται»
„aber die Bekehrung neidischer und böswilliger Gemüter sind Wunder"
" Αλλά η μεταστροφή των φθονερών και κακόβουλων μυαλών είναι θαύματα"
sofort strich die Fee mit ihrem Zauberstab
αμέσως η νεράιδα έδωσε ένα εγκεφαλικό με το ραβδί της
und im nächsten Augenblick waren alle im Saal entrückt
και σε μια στιγμή μεταφέρθηκαν όλα όσα ήταν στην αίθουσα
Sie waren in die Herrschaftsgebiete des Fürsten eingedrungen
είχαν πάει στα κτήματα του πρίγκιπα
die Untertanen des Prinzen empfingen ihn mit Freude
οι υπήκοοι του πρίγκιπα τον δέχτηκαν με χαρά
der Priester heiratete die Schöne und das Biest
ο ιερέας παντρεύτηκε την ομορφιά και το θηρίο
und er lebte viele Jahre mit ihr
και έζησε μαζί της πολλά χρόνια
und ihr Glück war vollkommen
και η ευτυχία τους ήταν πλήρης
weil ihr Glück auf Tugend beruhte
γιατί η ευτυχία τους θεμελιώθηκε στην αρετή

Das Ende
Το Τέλος

www.tranzlaty.com

www.ingramcontent.com/pod-product-compliance
Lightning Source LLC
Chambersburg PA
CBHW011551070526
44585CB00023B/2554